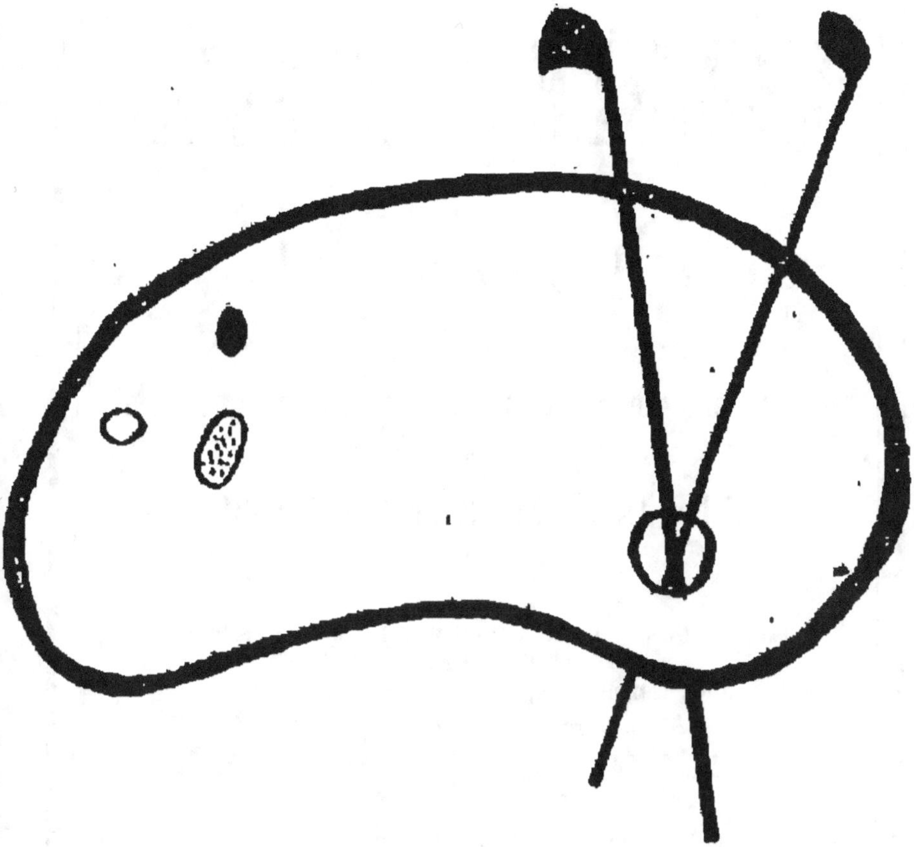

DEBUT D'UNE SERIE DE DOCUMENTS
EN COULEUR

CATALOGUE

D'UNE

BELLE COLLECTION

DE

MEUBLES ANCIENS

ET DE

CURIOSITÉS

Dont la vente aux enchères publiques aura lieu

HOTEL DES COMMISSAIRES-PRISEURS, RUE DROUOT, 5

SALLE N° 7

LE LUNDI 21 NOVEMBRE 1859

A UNE HEURE.

Par le ministère de M° **CHARLES PILLET**, Commissaire-Priseur,
rue de Choiseul, n° 11,
Assisté de M. **ROUSSEL**, expert, rue Neuve-de-l'Université, 5,
Chez lesquels se distribue le présent catalogue.

EXPOSITION PUBLIQUE

Le Dimanche 20 Novembre 1859, de midi à 5 heures.

PARIS
IMPRIMERIE DE PILLET FILS AINÉ
5, RUE DES GRANDS-AUGUSTINS.

1859

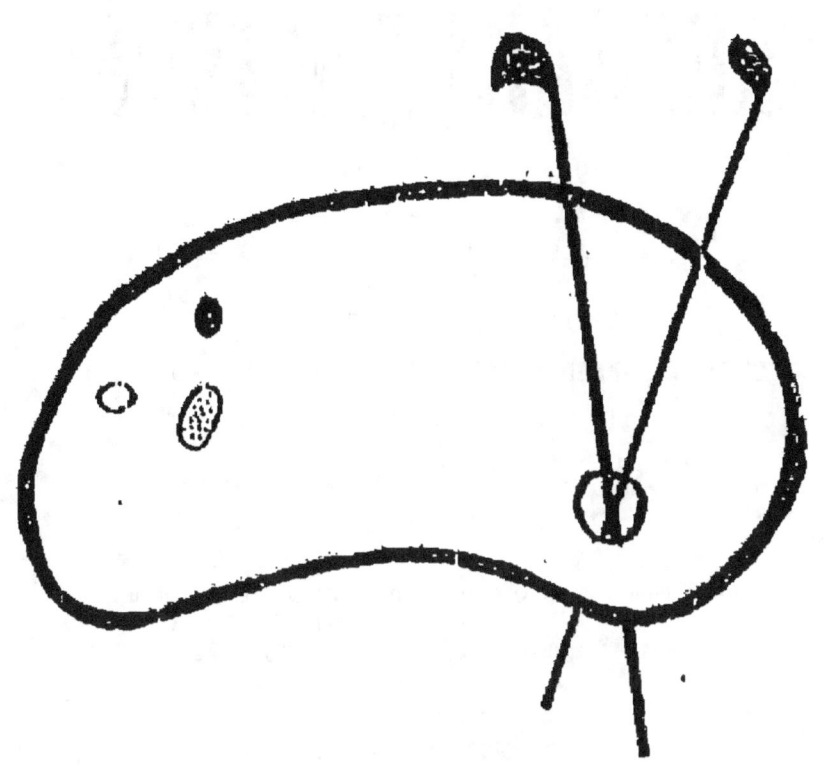

FIN D'UNE SERIE DE DOCUMENTS
EN COULEUR

CATALOGUE

D'UNE

BELLE COLLECTION

DE

MEUBLES ANCIENS

ET DE

CURIOSITÉS

Dont la vente aux enchères publiques aura lieu

HOTEL DES COMMISSAIRES-PRISEURS, RUE DROUOT, 5

SALLE N° 7

LE LUNDI 21 NOVEMBRE 1859

A UNE HEURE.

Par le ministère de M**e CHARLES PILLET**, Commissaire-Priseur,
rue de Choiseul, n° 11,
Assisté de M. **ROUSSEL**, expert, rue Neuve-de-l'Université, 5,
Chez lesquels se distribue le présent catalogue.

EXPOSITION PUBLIQUE

Le Dimanche 20 Novembre 1859, de midi à 5 heures.

PARIS
IMPRIMERIE DE PILLET FILS AINÉ
5, RUE DES GRANDS-AUGUSTINS.

1859

CONDITIONS DE LA VENTE

Elle sera faite au comptant.

Les acquéreurs payeront, en sus des adjudications, cinq pour cent applicables aux frais.

DÉSIGNATION

DES OBJETS

MEUBLES

1 — Un prie-Dieu de l'époque de Louis XIII, en bois de noyer.

2 — Un beau bahut de la fin du seizième siècle, en bois de noyer, avec cariatides et sculptures très-fines. Ce meuble a été arrangé en bureau avec caisse, double caisse et tiroirs.

3 — Meuble de l'époque de Henri II, en bois de noyer, formant buffet à deux corps, avec sculptures et incrustations de marbre.

4 — Meuble de l'époque de Louis XIII, en bois de chêne, formant buffet à deux corps, avec sculptures et fronton.

300	5 — Meuble de l'époque de Henri IV, orné de jolis trophées, avec sculptures sur les portes et incrustations de bois de couleur.
785	6 — Meuble de l'époque de Henri II, en bois de noyer, formant buffet à deux corps, avec sculptures et incrustations de marbre.
751	7 — Un beau meuble de l'époque de Henri II, orné de jolis médaillons sculptés, incrusté de marbres de couleur, surmonté de son fronton.
610	8 — Autre beau meuble de la même époque, orné de sculptures remarquables, incrusté de marbre et surmonté d'un joli fronton, avec statuette.
305	9 — Beau lit de l'époque de Henri II, avec colonnes, orné de belles sculptures, avec baldaquin également sculpté, et garni de pentes en brocart de velours et or.
70	10 — Un autre beau lit de la même époque, avec colonnes et baldaquin garni de pentes en brocart de velours et argent.
125	11 — Six chaises et un canapé de l'époque de Louis XIV, avec leurs tapisseries anciennes, ornées de médailles au petit point.
262	12 — Beau bahut de la renaissance, dans le style italien, riche de sculptures.
130	13 — Belle crédence hollandaise, remarquable de travail.
8	14 — Jolie crédence gothique, en bois de chêne sculpté.
122	15 — Deux grandes consoles, avec mufles de lions en bois sculpté, travail remarquable de l'époque de Louis XIII.

— 5 —

16 — Belle table de l'époque de Louis XIII, avec huit colonnes torses ornées de feuillages.

17 — Grande glace de l'époque de Louis XIV, avec appliques et glaces rapportées.

18 — Deux montants de glace en bois sculpté et doré, avec glaces découpées et encadrées dans les sculptures.

19 — Grande glace, avec beau cadre en bois sculpté et doré, époque Louis XIV.

20 — Autre glace, avec un beau cadre en bois sculpté, doré.

21 — Glace avec cadre italien, de l'époque de Louis XIII, repercé à jour et sculpté.

22 — Glace à biseaux, avec cadre en chêne, orné de guirlandes de fer. Travail très-remarquable. — Sous ce numéro seront vendus d'autres beaux meubles et objets d'ameublement.

OBJETS D'ART

23 — Bas-relief en bois sculpté, représentant la Décapitation d'un prisonnier. Beau travail de la renaissance.

24 — Quatre panneaux de l'époque de Louis XIV, représentant les Saisons. Beau travail.

25 — Grand vase en fer repoussé, de l'époque de Louis XVI, orné d'appliques également en fer repoussé.

26 — Flambeau en bronze, de la fin du quinzième siècle, formant sonnette. Les inscriptions gravées sur ce flambeau indiquent qu'il servait à un président d'assemblée de notables.

27 — Coffret gothique en bois sculpté, avec inscriptions.

28 — Pendule italienne, en cuivre et ébène, représentant le Crucifiement de Jésus.

29 — Petite pendule de l'époque de Henri II, en cuivre gravé, surmontée d'une petite statuette en argent.

30 — Petite pendule de l'époque de Louis XVI, avec colonnes de marbre et mouvement tournant.

31 — Jolie pendule de bureau, de l'époque de Henri II, avec appliques en cuivre ciselé.

32 — Beau plat de Bernard Palissy, épreuve remarquable, représentant Persée et Andromède.

33 — Autre beau plat de Bernard Palissy, à salières, avec corne d'abondance. Belle épreuve.

34 — Pendule de la même époque.

35 — Grande serrure gothique, avec sa clef.

36 — Une paire de flambeaux, de l'époque de Henri IV.

37 — Autre paire de flambeaux, de la même époque.

38 — Une jolie paire de flambeaux de la renaissance, en bronze richement ciselé.

39 — Une belle clef, avec cariatides.

40 — Une belle clef de la renaissance, avec cariatides. Beau travail.

41 — Une belle clef de la renaissance, avec cariatides.

42 — Une belle clef gothique.

43 — Belle clef, de l'époque de Louis XIV, avec mascarons et ornements ciselés.

44 — Belle clef de l'époque de Louis XIII, avec ornements riches.

45 — Grand nombre de belles clefs en fer de différentes époques, fines de travail.

46 — Joli bas-relief en albâtre, représentant des enfants.

47 — Petit enfant en marbre, sculpté par Coysevox.

48 — Petit bas-relief en marbre, représentant une tête de femme.

49 — Fermoir d'escarcelle en fer, avec mascarons.

50 — Drageoir en fer, repoussé et repercé à jour.

51 — Deux grands vases en verre de Venise.

52 — Beau Christ en ivoire, dans un joli cadre en bois sculpté. Travail d'une grande finesse.

53 — Une belle pendule, représentant Atlas supportant le monde, sculptée par Jean-Balthazar Keller. Beau travail, propre à la reproduction en bronze.

54 — Bénitier en bois sculpté, de l'époque de Louis XV. Joli travail.

55 — Deux vases en Wedgwood.

56 — Plusieurs pièces en Sèvres, pâte tendre.

57 — Grand pot en grès. Très-curieux.

58 — Un ivoire gothique.

59 — Deux jolis petits vases en porcelaine de Chine, avec couvercle gravé.

60 — Vase en pâte tendre, monté, échantillon rare.

61 — Une choppe en bois, garnie d'étain. — Sous ce numéro seront vendus un grand nombre d'autres objets.

TABLEAUX

62 — Un tableau attribué à Géricault.

63 — Une étude, par Camille Roqueplan.

64 — Plusieurs toiles.

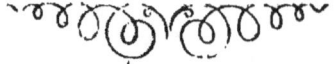

Paris, Imp. Pillet fils aîné, 5, rue des Grands-Augustins.

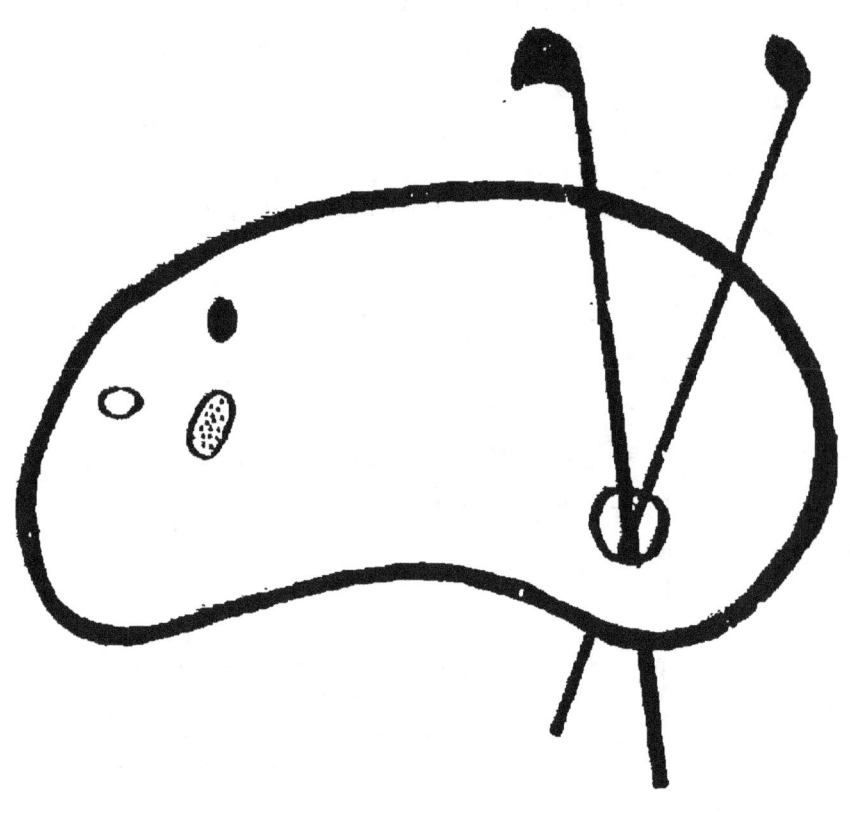

ORIGINAL EN COULEUR
NF Z 43-120-8

www.ingramcontent.com/pod-product-compliance
Lightning Source LLC
Chambersburg PA
CBHW030114230526
45471CB00003B/1409